PARTICIPACIÓN CÍVICA
LUCHAR POR LOS DERECHOS CIVILES

EL MOVIMIENTO POR LOS DERECHOS HUMANOS DE LA COMUNIDAD LGBT

Theresa Morlock

Traducido por
Esther Sarfatti

PowerKiDS press.
Nueva York

Published in 2017 by The Rosen Publishing Group, Inc.
29 East 21st Street, New York, NY 10010

First Edition

Translator: Esther Sarfatti
Editorial Director, Spanish: Nathalie Beullens-Maoui
Editor, English: Elizabeth Krajnik
Book Design: Mickey Harmon

Photo Credits: Cover (image) Davies, Diana/The New York Public Lubrary Digital Collections, pp. 1, 3–32 (background) Milena_Bo/Shutterstock.com; p. 5 Lindsay Douglas/Shutterstock.com; p.7 Michael Stewart/ Contributor/Getty Images Entertainment/Getty Images; p. 9 Bikeworldtravel/Shutterstock.com; p. 10 New York Daily News Archive/Contributor/New York Daily News/Getty Images; p. 11 New York Post Archives/Contributors/The New York Post/Getty Images; p. 13 Bettmann/Contributor/Bettmann/ Getty Images; p. 15 (main) Miami Herald/Contributor/Tribune News Service/Getty Images; p. 15 (inset) Steve Liss/Contributor/The LIFE Images Collection/Getty Images; p. 17 CREATISTA/Shutterstock.com; p. 19 The Washington Post/Contributor/The Washington Post/Getty Images; p. 21 Rawpixel.com/ Shutterstock.com; p. 23 Raleigh News & Observer/Contributor/Tribune News Service/Getty Images; p. 25 (main) Tom Williams/Contributor/CQ-Roll Call Group/Getty Images; p. 25 (Harvey Milk) Bettmann/ Contributor/Bettmann/Getty Images; p. 27 rmnoa357/Shutterstock.com; p. 29 Sergey Novikov/ Shutterstock.com.

Cataloging-in-Publication Data
Names: Morlock, Theresa.
Title: El movimiento por los derechos humanos de la comunidad LGBT / Theresa Morlock.
Description: New York : PowerKids Press, 2017. | Series: Trabajar por los derechos civiles | Includes index.
Identifiers: ISBN 9781499433128 (pbk.) | ISBN 9781499433135 (library bound) | ISBN 9781499432985 (6 pack)
Subjects: LCSH: Gay rights–Juvenile literature. | Homosexuality–Juvenile literature.
Classification: LCC HQ76.26 M8417 2017 | DDC 306.76'60835–dc23

Manufactured in the United States of America

CPSIA Compliance Information: Batch #BW17PK: For Further Information contact Rosen Publishing, New York, New York at 1-800-237-9932

CONTENIDO

¿QUÉ SIGNIFICA LGBT?

Las siglas LGBT se refieren a lesbianas, gais, bisexuales y personas transgénero. Estas son palabras que se utilizan para describir la **orientación sexual** o la identidad de **género** de una persona. La identidad de género es el género con el que una persona se identifica, sea cual sea la **anatomía** con la cual nació.

Las mujeres que se identifican como lesbianas sienten atracción por otras mujeres, mientras que los hombres que se identifican como gais sienten atracción por otros hombres. Las personas bisexuales sienten atracción tanto por hombres como mujeres. Una persona transgénero es alguien cuya identidad de género es diferente a la que corresponde a la anatomía con la cual nació. El movimiento LGBT ha hecho grandes avances, creando un futuro donde todas las personas pueden vivir su verdadera identidad.

La bandera arcoíris de la comunidad LGBT se creó en 1978. Los colores del arcoíris representan la diversidad. Diversidad significa que hay muchos diferentes tipos de personas.

La heteronormatividad

La palabra heteronormatividad describe la actitud de ciertas personas que creen que solo es normal y natural ser heterosexual. La cultura estadounidense es tradicionalmente heteronormativa. Se espera que a las mujeres les gusten los hombres y a los hombres las mujeres. No obstante, existen muchas formas diferentes de identificación de género y de orientación sexual. Aunque no hay nada de malo en ser heterosexual, la creencia de que los estilos de vida de la comunidad LGBT no son normales puede hacer daño a muchas personas.

IDENTIDAD DE GÉNERO

En cuanto nace una persona, se la etiqueta de macho o hembra, según su anatomía. El género define la forma en la que las personas deben actuar según la anatomía con la cual nacieron. Sin embargo, muchas de nuestras ideas acerca del género se basan en **estereotipos**. Un par de ejemplos de estereotipos son que los chicos no deben llorar y que las chicas no pueden ser fuertes.

No obstante, en años recientes, la gente ha comenzado a darse cuenta de que el género es más **complicado** de lo que se suponía. No hay solo dos opciones basadas en la anatomía: macho y hembra. Muchas personas nacidas macho se identifican como hembras, y otras que nacen hembra se identifican como machos. En el pasado, las personas transgénero mantenían secreta su identidad interior. Pero, en los últimos tiempos, algunos han comenzado a revelar su secreto para que se sepa qué significa ser transgénero.

Jazz Jennings fue la maestra de ceremonias del desfile del Orgullo Gay de 2016 en la ciudad de Nueva York. ¡Esta adolescente transgénero está cambiando el mundo a través de su historia!

Jazz Jennings

Jazz Jennings es una adolescente transgénero y **activista** de los derechos de la comunidad LGBT. Jazz nació con la anatomía masculina, pero se ha identificado con el género femenino desde que era muy pequeña. Su historia, contada en la película *Yo soy Jazz: una familia en transición*, demuestra que los niños y los adolescentes pueden ser transgénero. Jazz da charlas en escuelas de medicina, congresos y universidades para concienciar a la gente acerca de los jóvenes transgénero. Ella ha creado una empresa, Purple Rainbow Tails, que recauda fondos para la causa, y es la cofundadora honoraria de la Transkids Purple Rainbow Foundation.

HOMOFOBIA Y TRANSFOBIA

La homofobia y la transfobia son el miedo de, o el **prejuicio** contra, las personas gais, lesbianas o transgénero. Durante muchos años, se trataba a estas personas como si estuvieran enfermas o hicieran algo malo. Muchos consideraban que ser gay era una enfermedad mental o un crimen que debería ser castigado por la ley. Por culpa de estas actitudes, era difícil e incluso peligroso que las personas LGBT vivieran abiertamente.

En muchos casos, la homofobia y la transfobia llevan al **acoso**, tanto físico como emocional, contra las personas LGBT. Los jóvenes LGBT corren un riesgo más alto de ser víctimas de acoso, violencia y **hostigamiento** que los jóvenes heterosexuales y los que no son transgénero. Por tanto, es más probable que sufran una depresión, intenten suicidarse o utilicen drogas. Pero los prejuicios contra las personas LGBT no se limitan al ambiente escolar. Los adultos LGBT también sufren más a menudo de acoso o **discriminación** en el trabajo.

Incluso hoy en día, muchas personas LGBT son víctimas del acoso y la intolerancia.

LOS DISTURBIOS DE STONEWALL

Durante la década de los 60, el barrio de Greenwich Village, en la ciudad de Nueva York, era un lugar donde vivían muchas personas de la comunidad LGBT. En esa época, había muchas leyes que discriminaban a las personas LGBT. Una rama del cuerpo de policía conocida como la Brigada de Moral Pública a menudo acosaba a la comunidad LGBT. En 1969, esta brigada entró en un bar gay llamado Stonewall Inn y detuvo a mucha gente. Aunque este tipo de detención era común, esa vez los miembros de la comunidad se defendieron y protestaron por el trato recibido por los gais y las lesbianas. El primer desfile del orgullo gay formó parte de estas protestas.

revuelta frente al Stonewall Inn

Los disturbios de Stonewall sirvieron para dirigir la atención de la nación al problema de discriminación contra las personas LGBT.

Hoy en día, se considera que los disturbios de Stonewall fueron el comienzo del movimiento moderno por los derechos de la comunidad LGBT. Los grupos activistas de la comunidad LGBT, como el Frente de Liberación Gay y la Alianza de Activistas Gais, se formaron en esa época. Estos grupos ayudaron a concienciar a la gente acerca de la comunidad LGBT y lucharon contra la discriminación que sufría.

LA CRISIS DEL SIDA

Durante la década de los 80, los problemas de discriminación contra la comunidad LGBT recibieron más atención debido a la **crisis** del sida. El sida es una enfermedad mortal que disminuye la capacidad del cuerpo para luchar contra las infecciones. En los años 80, la mayor parte de las personas afectadas por el sida eran hombres gais. Aunque el sida puede afectar a cualquiera, mucha gente echó la culpa injustamente a los gais, a los que consideraban **inmorales**.

Muchas personas que tenían sida en aquellos años debieron hacer frente a la crueldad de los demás, así como a la pérdida de sus hogares y sus empleos. En algunos casos, se les negaba la atención médica. A menudo, la muerte de los que sufrían de sida era muy dolorosa. La comunidad LGBT quiso ayudar a los enfermos de sida. El 11 de octubre de 1987, miles de activistas marcharon a la Casa Blanca en Washington D. C. para exigir acción y para concienciar a la población acerca del sida y la discriminación.

Muchos de los activistas que se manifestaron frente a la Casa Blanca, en 1987, sufrían de sida.

La ley CARE de Ryan White

En 1984, a un chico de 13 años llamado Ryan White le diagnosticaron sida. Cuando las autoridades de la escuela de Ryan tuvieron noticia de su enfermedad, le dijeron que ya no podía asistir a clase. En 1987, Ryan comenzó a hablar públicamente acerca de su experiencia con el sida y de la discriminación que sufría por su culpa. Sus esfuerzos por educar al público acerca de la enfermedad ayudaron a conseguir más apoyo para los enfermos de sida. En 1990, se aprobó la ley CARE (cuyas siglas en inglés representan Comprehensive AIDS Resources Emergency, o Recursos de Emergencia Comprensivos para el Sida), que ofrecía mejores cuidados médicos para los enfermos de sida.

DELITOS DE ODIO

Un delito de odio es un acto de violencia que se basa en el prejuicio. A lo largo de la historia de Estados Unidos, muchas personas han recibido palizas e incluso han sido asesinadas por identificarse como LGBT. Uno de los acontecimientos más importantes del movimiento LGBT fue la aprobación de la Ley de Prevención de los Delitos de Odio de Matthew Shepard y James Byrd Jr. el 28 de octubre de 2009. Antes de la aprobación de esta ley, el gobierno federal solo consideraba delitos de odio los motivados por la raza, religión o nacionalidad, y no por la orientación sexual, identidad de género o discapacidad. Esta ley fue un paso importante en la protección legal de las personas LGBT.

Lamentablemente, los delitos de odio contra las personas LGBT siguen ocurriendo. En junio de 2016, 49 personas fueron asesinadas en un club nocturno de Orlando, Florida, donde solían reunirse miembros de la comunidad LGBT. Fue el tiroteo en masa con mayor número de muertes en Estados Unidos ocurrido hasta la fecha.

Después del tiroteo de Orlando, mucha gente se reunió para pronunciarse contra la violencia y declarar que el amor triunfará sobre el odio.

Matthew Shepard

Matthew Shepard era un estudiante de la Universidad de Wyoming. Le encantaba viajar y conocer a gente diferente alrededor del mundo. En 1998, cuando Matthew tenía tan solo 21 años, fue atacado por dos hombres que lo eligieron simplemente porque era gay. Le dieron tal paliza que murió pocos días después. Los padres de Matthew crearon una fundación en su honor, y llevan años difundiendo su mensaje de aceptación y amor.

MATRIMONIO PARA TODOS

Uno de los asuntos clave en la lucha por la igualdad de la comunidad LGBT es el matrimonio entre las parejas del mismo sexo. Los que se oponen a este tipo de matrimonio a menudo basan sus argumentos en sus creencias religiosas y en las ideas tradicionales del matrimonio. Firmada en 1996, la Ley de Defensa del Matrimonio impedía que las parejas del mismo sexo aprovecharan las ventajas federales del matrimonio y permitía que los estados se negaran a reconocer los matrimonios de las parejas del mismo sexo.

En efecto, la Ley de Defensa del Matrimonio legalizó la discriminación de las parejas LGBT. Sin embargo, algunos estados comenzaron a legalizar los matrimonios de las parejas del mismo sexo, a nivel estatal. Después de muchos años de lucha por el matrimonio igualitario de parte de la comunidad LGBT y sus defensores, el matrimonio de las parejas del mismo sexo se legalizó en los 50 estados el 26 de junio de 2015. Desafortunadamente, en algunos estados aún es difícil que una pareja del mismo sexo pueda casarse.

El mensaje del movimiento LGBT es “amor es amor”. La legalización del matrimonio igualitario es un paso importante en la aceptación de la comunidad LGBT y de todos los matrimonios y familias de nuestro país.

NO PREGUNTES, NO CUENTES

Durante muchos años, los códigos militares castigaban a los soldados sospechosos de ser gais. Una política de 1982 prohibió oficialmente que los hombres gais y las lesbianas formaran parte de las fuerzas armadas. Miles de personas LGBT perdieron sus puestos de trabajo. La política de "no preguntes, no cuentes" entró en vigor en 1993. Según esta política, los gais y las lesbianas podían alistarse en las fuerzas armadas, pero debían mantener en secreto su orientación sexual.

Por este motivo, los militares LGBT vivían con el temor de que alguien descubriera su secreto. En el 2010, el Senado de Estados Unidos decidió acabar la política de "no preguntes, no cuentes". Por primera vez en la historia, los hombres gais y las lesbianas eran libres de alistarse en las fuerzas armadas y servir abiertamente. Desde el 30 de junio de 2016, las personas transgénero también disfrutan de la misma libertad.

El 25 de abril de 1993, miles de personas LGBT y sus defensores marcharon sobre la Explanada Nacional en Washington D. C. para exigir la igualdad de derechos.

Stephen Snyder-Hill

Stephen Snyder-Hill sirvió en la fuerzas armadas durante la guerra del Golfo y en Irak. En reconocimiento a su servicio recibió muchos honores y medallas. En 2011, Stephen envió un video a un debate presidencial republicano en el que preguntaba a los candidatos si volverían a establecer la política de "no preguntes, no cuentes", y si los soldados gais y lesbianas casados recibirían los mismos beneficios legales que los soldados heterosexuales. El público abucheó su video, lo cual sirvió para sacar a la luz sus preocupaciones. Hoy Stephen sigue pronunciándose en contra de la discriminación en las fuerzas armadas.

DISCRIMINACIÓN LABORAL

En otras épocas, el gobierno permitía la discriminación en los lugares de trabajo. Las empresas eran libres de despedir a los empleados sospechosos de ser gais. En 1953, el presidente Dwight D. Eisenhower firmó la Orden Ejecutiva 10450, la cual acusaba a cualquiera que no fuera heterosexual de ser inmoral. Como resultado de esta orden, miles de funcionarios perdieron sus trabajos. En términos más generales, también convertía la discriminación contra las personas LGBT en algo legal y socialmente aceptable.

En 2013, se propuso la Ley contra la Discriminación en el Empleo para proteger a todos los trabajadores de la discriminación basada en la identidad de género o la orientación sexual. El propósito de esta ley es evitar que los trabajadores sufran de acoso, se les nieguen beneficios laborales o tengan menos oportunidad de empleo debido a su identidad de género, **transición de género** u orientación sexual. Lamentablemente, esta ley nunca fue aprobada.

Hacen falta leyes y políticas apropiadas para proteger los derechos de las personas LGBT en los lugares de trabajo.

PROBLEMAS ACTUALES

Un acontecimiento reciente que pone de relieve la discriminación contra la comunidad LGBT es el Proyecto de Ley 2, aprobado el 23 de marzo de 2016 en Carolina del Norte. Según este proyecto de ley, toda la gente del estado debe usar los cuartos de baño y vestuarios que corresponden a la anatomía con la que nacieron. Esto significa que una persona transgénero que nació con anatomía femenina pero se identifica con el género masculino tendría que usar los baños de mujeres. El Proyecto de Ley 2 ha causado una fuerte reacción en la opinión pública porque los defensores de los derechos de la comunidad LGBT piensan que esto supone un paso hacia atrás en el movimiento por la igualdad de derechos.

La legislación como el Proyecto de Ley 2 demuestra que las personas LGBT siguen siendo víctimas de prejuicios en los lugares públicos. Mucha gente aún cree que cualquiera que no sea heterosexual es una amenaza. A pesar de las victorias conseguidas por el movimiento LGBT, mucha gente de la comunidad todavía sufre acoso e intolerancia.

El Proyecto de Ley 2 discrimina a las personas transgénero porque niega su identidad de género y las etiqueta como macho o hembra según su anatomía de nacimiento. Esta fotografía muestra una reunión de apoyo para el Proyecto de Ley 2, detrás del edificio de la Asamblea General de Carolina del Norte, en Raleigh, Carolina del Norte, el 25 de abril de 2016.

DEFENDER LA CAUSA

El grupo defensor de los derechos de la comunidad LGBT más grande de nuestro país es la Human Rights Campaign (Campaña de Derechos Humanos). Organizaciones como esta y la American Civil Liberties Union (Unión Estadounidense por las Libertades Civiles) trabajan para conseguir que todo el mundo goce de los derechos humanos fundamentales y pueda vivir en un entorno seguro.

Para defender esta o cualquier otra causa, es sumamente importante educar al público. Los grupos de derechos civiles animan a la gente a conocer sus derechos y a aprender a defenderlos. También tratan de crear conciencia sobre los problemas existentes de prejuicio e intolerancia. Cuanto más sepa la gente acerca de la discriminación que sufre la comunidad LGBT, mejor puede luchar contra ella. Algunos defensores de la causa hablan con los políticos para intentar que se cambien las leyes. Un paso fundamental para que no haya discriminación es enseñar a la gente a aceptar y comprender a los demás.

La elección de Harvey Milk, un político abiertamente gay, a un cargo público en 1977 fue un gran triunfo para la comunidad LGBT.

Harvey Milk

Harvey Milk fue uno de los primeros políticos de Estados Unidos en declarar abiertamente que era gay. Fue elegido a un cargo público en San Francisco en 1977, una época en la que la homofobia era muy generalizada. Sirvió en la marina después de salir de la universidad, y después se involucró con la comunidad LGBT de Greenwich Village, en la ciudad de Nueva York, y más tarde con la de San Francisco, donde se convirtió en activista. Solo un año después de ser elegido, Milk fue asesinado por otro político que no estaba de acuerdo con sus iniciativas.

MUESTRA TU APOYO

Defender a la gente es una forma de mostrar tu apoyo. Tú puedes apoyar a la comunidad LGBT, sea cual sea tu género o tu orientación sexual. Los defensores de las personas LGBT pueden mostrar su apoyo pronunciándose en contra de la injusticia.

Otra forma de mostrar tu apoyo por la igualdad es participar en las **manifestaciones** del orgullo LGBT. Cada año, muchas escuelas de todo el país participan en el Día del Silencio, organizado por la Gay, Lesbian, and Straight Education Network (Red de Educación Gay, Lesbiana y Heterosexual, o GLSEN por sus siglas en inglés). Ese día, los alumnos prometen no hablar para que la gente comprenda los efectos del acoso escolar que sufren los alumnos LGBT. En junio de cada año, se celebra el mes del orgullo LGBT para celebrar la diversidad y honrar a ilustres ciudadanos LGBT de la historia. Muchas ciudades tienen desfiles, donde todo el mundo puede demostrar su apoyo por la comunidad LGBT.

La mejor forma de demostrar tu apoyo es ser amistoso. Mantén la mente abierta y aprende acerca de otras personas, aunque sean diferentes a ti.

MIRANDO HACIA ADELANTE

En años recientes, el movimiento LGBT ha conseguido muchas victorias, pero aún quedan muchos retos por superar.

Los peligros más grandes a los que se enfrenta el movimiento LGBT son la actitud de desconfianza y los prejuicios con los que se han tratado a las personas LGBT a lo largo de la historia. Cambiar la forma de pensar de la gente acerca de la identidad de género y la orientación sexual es importante para proteger a las personas LGBT de abusos e injusticias.

El amor y la aceptación son los cimientos del movimiento LGBT. El mensaje del movimiento es que todas las personas merecen respeto, sea cual sea su raza, nacionalidad, género u orientación sexual. Juntos podemos trabajar para construir un futuro donde todas las personas puedan vivir libremente, sin miedo ni discriminación.

Aunque no formes parte de la comunidad LGBT, puedes prestar tu apoyo a este importante movimiento por los derechos humanos.

CRONOLOGÍA

1978
La bandera arcoíris se crea como símbolo de apoyo a la comunidad LGBT.

28 de enero de 1982
Se prohíbe oficialmente que los hombres gais sirvan en las fuerzas armadas de Estados Unidos.

11 de octubre de 1987
Miles de personas marchan sobre Washington D. C. para crear conciencia sobre el sida y denunciar la discriminación.

1 de octubre de 1993
Se aprueba la política de “no preguntes, no cuentes”.

21 de septiembre de 1996
El presidente Clinton firma la Ley de Defensa del Matrimonio.

18 de diciembre de 2010
El Senado de Estados Unidos decide derogar la política de “no preguntes, no cuentes”.

26 de junio de 2015
Se legaliza el matrimonio entre las personas del mismo sexo en los 50 estados.

23 de marzo de 2016
Se aprueba el Proyecto de Ley 2 en Carolina del Norte.

12 de junio de 2016
Tiene lugar un ataque en Pulse, un club nocturno de Orlando, Florida. Mueren 49 personas.

30 de junio de 2016
Se levanta la prohibición que impide que las personas transgénero sirvan en las fuerzas armadas.

GLOSARIO

acoso: El hecho de atacar a alguien repetidamente, ya sea verbal o físicamente.

activista: Alguien que actúa firmemente a favor o en contra de un problema.

anatomía: El cuerpo de una persona.

complicado: Que tiene muchas piezas; difícil de explicar o entender.

crisis: Una situación difícil o grave que requiere atención.

discriminación: El hecho de tratar injustamente y de forma diferente a alguien a causa de su raza, su edad, su religión o su género.

estereotipo: El hecho de creer injustamente que todas las personas que comparten una cierta característica son iguales.

género: Los rasgos mentales o de comportamiento que se asocian típicamente con cierto sexo.

hostigamiento: El hecho de molestar a alguien o burlarse de alguien repetidamente.

inmoral: Contra los principios de conducta o moral generalmente aceptados.

manifestación: Una reunión de mucha gente en la que se muestra apoyo u oposición a algo.

orientación sexual: La atracción que uno siente hacia personas del mismo sexo y/o el sexo opuesto.

prejuicio: Un sentimiento injusto de antipatía hacia una persona o grupo de personas debido a su raza, religión, sexo, género u orientación sexual.

transición de género: Un periodo durante el cual una persona comienza a cambiar al género con el cual se identifica en lugar del que tiene de nacimiento.

ÍNDICE

SITIOS WEB

Debido a la naturaleza cambiante de los enlaces de internet, PowerKids Press ha elaborado una lista de sitios web relacionados con el tema de este libro. Este sitio se actualiza de forma regular. Por favor, utiliza este enlace para acceder a la lista: www.powerkidslinks.com/civic/lgbtq